Janosch

Wondrak und die Kunst der Gelassenheit

Janosch

Wondrak und die Kunst der Gelassenheit

Mit einem Nachwort von
Tillmann Prüfer

Reclam

RECLAMS UNIVERSAL-BIBLIOTHEK Nr. 14404
2023 Philipp Reclam jun. Verlag GmbH,
Siemensstraße 32, 71254 Ditzingen

Druck und Bindung: Druckerei C.H.Beck,
Bergerstraße 3–5, 86720 Nördlingen
Umschlagillustration: Janosch
Printed in Germany 2023

ISBN 978-3-15-014404-6
www.reclam.de

Inhalt

Vom Leben und Leben lassen

Herr Janosch,
worauf kann man sich freuen?

»Jeder freut sich auf etwas anderes.
Wondrak etwa freut sich auf die Sonne, die heute durch die Gardinen lugen möchte. Oder später einmal.«

Herr Janosch,
wie stellt man sich großen Problemen?

»Wondrak stellt sich nicht, sondern er legt sich. In eine Wiese mit hohem Gras. Je größer die Probleme sind, desto größer die Chance, dass sie ihn dann übersehen.«

Herr Janosch,
was macht man gegen die Wut?

»Gut ist etwa, wenn man den Kopf in einen Eimer mit kaltem Wasser steckt. So lange, bis man nicht mehr wütend ist.«

Herr Janosch,
wie wichtig ist es, dass man
im Leben ankommt?

»Wichtig ist nur, sich anständig treiben zu lassen.
Ankommen tut man so ohnehin irgendwann irgendwo.«

Herr Janosch, was macht man, wenn man total genervt ist?

»Im Bett bleiben. Demonstrativ ignorieren, wenn der Wecker nervt. Die meisten Probleme lösen sich schon dadurch, dass man gar nicht erst hingeht.«

Herr Janosch,
wie wird man kontemplativ?

»Man macht es wie Wondrak und löst alle Probleme im Kopf. Nur noch im Kopf, nicht mehr in der Welt. Irgendwann hat er die ganze Welt im Kopf und ist kontemplativ.«

Herr Janosch,
soll man Arbeit grundsätzlich vermeiden?

»Wondrak meint: ja. Leider meint Luise: nein.«

Herr Janosch,
wie wird man bei der Arbeit glücklich?

»Man muss sich vorher überlegen,
bei welcher Arbeit man glücklich werden würde.
Eventuell also. So lange, bis man das weiß.«

Herr Janosch,
ist es denn gesund, überhaupt nichts zu tun?

»Ja, das ist sehr gesund! Man sollte allerdings immer wieder mal etwas Bewegung einbringen. Etwa einige Erdnüsse knacken.«

Herr Janosch,
wo macht man Urlaub?

»Überall, wo zwei Bäume sind. Vorausgesetzt, man macht es wie Wondrak und hat immer eine Hängematte dabei. Dann ist das ganze Leben quasi Urlaub.«

Herr Janosch,
wann ist genug wirklich genug?

»Wondrak saß fünf Tage auf dem Sofa und hat nicht gearbeitet. Am sechsten Tag stand er auf. Von dem Sofa. Er fand: Es ist genug. Und es war wirklich genug.«

Herr Janosch,
wie kann man verlorene Zeit
zurückgewinnen?

»Wer mag, stellt die Uhr etwas zurück.
Sonst hilft Philosophie: Die Zeit ist ewig, sie geht nicht verloren. Man kann es also auch einfach so lassen.«

Herr Janosch,
was macht man, wenn man nicht einschlafen kann?

»Wenn Wondrak ins Bett geht, dann sagt er sich: ›Ich muss noch ganz dringend die vier Bücher lesen, die neben meinem Bett liegen.‹ In einer Minute ist er eingeschlafen.«

Herr Janosch,
wie kann man aufhören,
sich selbst zu kritisieren?

»Wondrak geht zu diesem Zweck hinter das Haus, läuft im Kreis und sagt: ›Bei mir ist doch alles in Ordnung, bei mir ist doch alles in Ordnung‹ – so lange, bis er es glaubt.«

Herr Janosch,
was macht man, wenn man alles will?

»Man schreibt eine Liste von allem,
was man will, steckt sie in einen Briefkasten und
wartet auf die Antwort.«

Herr Janosch,
lebt Gott wirklich in Frankreich?

»Ja, Gott sitzt an der Seine, und man erkennt ihn nicht.
(Heißt es nicht: Ich werde unter euch sein, und
ihr werdet mich nicht erkennen?) Er spielt auf einer
Harmonika das Weltgeschehen ...«

Herr Janosch, soll man sich einen Plan für die Zukunft machen?

»Unbedingt ja! Wondrak zum Beispiel: intensiv! Jeden Plan schreibt er auf einen Zettel. Die Zettel kommen in die Kiste. Jeder Zettel ist ein Plan. Tausende!«

Herr Janosch,
wie tritt man eine Reise in das Innere an?

»Wondrak setzt sich in seinen weichen Sessel und trinkt ein bis zwei Flaschen Tichauer Bier – und schon bereist er sein Inneres. Dort ist es eigentlich ganz schön.«

Herr Janosch, was macht man, wenn eine große Angst kommt?

»Man setzt sich neben seine Gattin und sagt: Ich fürchte mich sehr, ach, schütze mich! Dann umschlingt sie einen und sagt: Fürchte dich nicht, denn ich bin ja bei dir.«

Von Tieren und Menschen

Herr Janosch, was ist denn das beste Haustier?

»Ein Pferd hinter dem Haus. Das macht Eindruck. Und Rasen mähen muss man auch nicht mehr.«

Herr Janosch,
wie steht der Deutsche zu seinem Hund?

»Herr Beckmann liebte seinen Hund viel mehr noch, als er sollte, obwohl der Hund das insgeheim nun gar nicht sehr wollte.«

Herr Janosch, was macht man gegen Mücken?

»Man hockt sich dicht vor einen laufenden Ventilator und bleibt dort sitzen, solange es Mücken gibt. Also etwa von März bis Mitte September.«

Herr Janosch,
was ist eigentlich ein gesunder
Sonnenschutz?

»Wondrak sucht sich einen Elefanten und stellt sich in seinen Schatten. Danach darf der Elefant sich in Wondraks Schatten stellen.«

Herr Janosch,
wie soll man mit den Mücken kämpfen?

»Am besten gar nicht kämpfen. Wondrak tut erst unschuldig und setzt ihnen dann mit einem gezielten Hammerschlag nach. Damit rechnet keine Mücke.«

Herr Janosch,
sollten die Deutschen Vegetarier werden?

»Sehen Sie nur Wondrak an: Isst nur Salat und Ziegenfutter. Das macht ihn schön und stark. Der einzige Nachteil: Auf die Dauer wird man ganz grün davon.«

Herr Janosch,
wie macht man seinem Hund eine Freude?

»Man macht es wie Wondrak: Der lässt seinen Hund einfach dorthin gehen, wohin er nach seinen eigenen Wünschen und ohne Halsband gehen möchte.«

Herr Janosch, was tun,
wenn wilde Tiere ins Haus eindringen?

»Wichtig ist es, sich unauffällig zu verhalten.
Bei Tigern hilft es, sich einfach an den Tisch zu setzen und gemütlich ein blutiges Steak zu verzehren.«

Herr Janosch,
was ist eine Eselei?

»Ein hochkomplexer Gedankengang, für Menschen nicht verstehbar. Ein befreundeter Esel versucht immer wieder, es Wondrak zu erklären. Vergeblich: zu hoch.«

Herr Janosch,
wovor muss man noch Angst haben?

»Vielleicht vor hungrigen Leoparden.
Außer Wondrak. Seit der Luise liebt, hat er vor nichts mehr Angst. Höchstens vor Luise.«

Herr Janosch, was, wenn der Wolf zurückkommt nach Deutschland?

»Na, wenn der Wolf dann endlich zurückkommt, den Magen womöglich voll von Rotkäppchen und seiner Oma, dann trägt ihn seine Frau liebevoll ins Bett, juchhei.«

Herr Janosch,
wenn der Frühling kommt, was macht man dann als Erstes?

»Zunächst die Fenster putzen und dann die aus Afrika heimkehrenden Vögel angemessen begrüßen. Dazu die Fenster öffnen, sonst fliegen sie dagegen.«

Herr Janosch,
wer ist intelligenter – Hund oder Katze?

»Die Katze. Der Hund sagt, komm her, ich hab dich lieb! Aber die Katze weiß, dass er sie eigentlich fressen will. Und verdrückt sich so bald wie möglich.«

Herr Janosch,
hat die Tigerente Freunde?

»Unzählbar viele, echt! Jeden Sonntag trägt Herr Wondrak sie zum Teich, wo hundert und tausend Enten sich tummeln. Er füttert sie mit Würmern und Motteneiern, und sie danken es ihm. Und der Tigerente.«

Herr Janosch, was soll man eigentlich einem Hund beibringen?

»Gut ist es, ihn über den Sinn des Lebens aufzuklären. Wenn der Hund sich desinteressiert zeigt, ist es ein vernünftiger Hund.«

Herr Janosch, wie rettet man Leben?

»Am besten ist es, wenn man sich dabei nicht zu sehr anstrengen muss. Wondrak etwa fischt eine Fliege aus der Suppe. Wieder ein Leben gerettet. Das ist gut für das Karma.«

Herr Janosch,
im Sommer kommen die Wespen –
was tun?

»Man muss die Tiere nur ausreichend mit Honig versorgen und dann wohin gehen, wo keine Wespen sind. Etwa in den Keller.«

Herr Janosch, welchen Fisch darf man noch essen?

»Grundsätzlich jeden. Voraussetzung ist, dass man ihn vorher höflich fragt. Meistens empfindet er aber schon das Geangeltwerden als Zumutung.«

Herr Janosch,
wie überzeugt man andere,
auch Vegetarier zu werden?

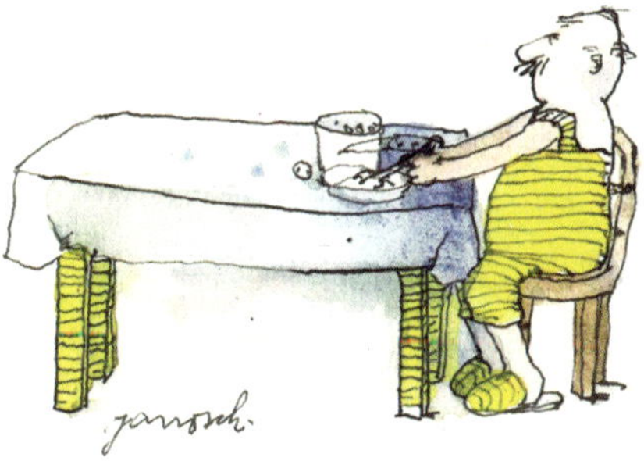

»Wondrak rät: Erst mal gar nicht, man isst allein. Aber an einem großen Tisch, damit sich nach und nach alle anderen dazugesellen können.«

Herr Janosch,
wie kommen die Tiere auf den Straßen
mit der Winterkälte zurecht?

»Wondrak lädt die armen Hunde, Katzen und Mäuse und Esel in den Straßen auf einen Teller Suppe ein. Vorher muss er aber gut heizen, sonst kommt kein Schwein.«

Herr Janosch, was können wir von den Dinosauriern lernen?

»Mehr Grünzeug essen!«

Von Fußball und anderen sportlichen Katastrophen

Lieber Herr Janosch, soll man Sport treiben?

»Auf jeden Fall, wichtig ist aber, dass man dabei im Gleichgewicht bleibt, nichts ist ungesünder, als beim Sport umzufallen. Wondrak beugt sich zu Boden und hebt vorsichtig ein Bein.«

Herr Janosch, was macht man an einem Bundesliga-Spieltag?

»Man macht es wie Wondrak: Er trägt seinen Ball unauffällig ins Spielfeld, verweilt dort und knallt dann ein Tor nach dem anderen zwischen die Pfosten. So lange, bis er gewinnt.«

Herr Janosch, wozu brauchen wir Yoga?

»Sie stellen sich auf einen Hügel, Augen geschlossen, Arme nach Osten, im Kopf die Leere. Und ZACK kommt das große Begreifen. Dafür brauchen wir Yoga.«

Herr Janosch, alle Spieler verletzt – wie die WM gewinnen?

»Ganz einfach: Wondrak gibt den Torwart der gegnerischen Mannschaft. Er hat von Fußball keine Ahnung, da kann nichts schiefgehen. Notfalls hilft er nach und tritt den Ball selbst rein. Aus Versehen natürlich.«

Herr Janosch,
welchen Wassersport empfehlen Sie?

»Rudern. Oft schwimmt so ein Boot schon von allein herum, man muss sich nur vom Ufer abstoßen und ist dann schon mitten im Teich.«

Herr Janosch,
welchen Sport treibt man im Alter?

»Nur Skateboarding. Man rollert wie ein Wilder und sieht mächtig beeindruckend aus. Und wenn man schließlich müde wird, kann man sich ganz einfach abschleppen lassen.«

Herr Janosch, gibt es eine sichere Methode, Fußballergebnisse zu tippen?

»Man schaut sich die Übertragung im Fernsehen an und tippt kurz nach Spielende. Dann hat man einen guten Eindruck von der Stärke der Mannschaften.«

Herr Janosch, welche ist die richtige Haltung beim Radfahren?

»Luise sitzt vorbildlich aufrecht. Und Wondrak hält Ausschau nach hinten und achtet im Übrigen darauf, dass er nicht stört.«

Herr Janosch,
ist Angeln eigentlich noch zeitgemäß?

»Aber ja doch! Denn wie gut sieht es doch aus, wenn einer am Wasser steht und angelt! Hauptsache, es ist kein Haken an der Leine, schließlich könnte sich daran ein Fisch verletzen.«

Herr Janosch, welchen Wintersport macht man in den Bergen?

»Wondrak fährt Schlitten. Dann schläft er. Erst hält er Winterschlaf, dann Sommerschlaf. Wenn der Schlitten anfängt zu rutschen, wacht er auf, denn dann ist wieder Winter. Dann fährt er Schlitten.«

Herr Janosch, wo muss man im Leben unbedingt einmal gewesen sein?

»In Oberau. Dort kann man im Winter prima Skisport betreiben, und im Sommer gibt es ein billiges Freibad.«

Vom Füreinander und Miteinander

Herr Janosch,
wie wird man glücklich?

»Glücklich wird man nicht allein. Wondrak ist glücklich, wenn Luise glücklich ist. Also schenkt er ihr etwas mit Diamanten drin. Klappt eigentlich immer.«

Herr Janosch,
wie lernt man eine Fremdsprache,
etwa Polnisch?

»Durch Sprachpraxis. Frau Ludwiga kommt aus Warschau und sagt einen Satz auf Polnisch. Wondrak meint, dass sie sagt: ›Ich liebe dich.‹ Und schon kann er Polnisch.«

Herr Janosch,
wie geht eine gute Ehe?

»Man trägt sich immer abwechselnd.«

Herr Janosch,
wie ist man heutzutage höflich?

»So wie Wondrak. Er zum Beispiel trägt
jeder Dame ihr schweres Paket nach Hause.
Mitsamt der Dame. Das ist höflich.«

Herr Janosch,
woran erkennt man einen Lügner?

»Der Lügner will mit Nachdruck erreichen,
dass man ihm glaubt. Deswegen erzählt er alles zweimal.
Er erzählt alles zweimal!«

Herr Janosch, wie erkennt man, ob es jemand ernst meint?

»Bei Wondrak an den Händen:
Wenn er es ernst meint, faltet er sie.«

Herr Janosch,
wie erzieht man ein Kind richtig?

»Ein Kind braucht ein gutes Vorbild. Dazu reicht es meist, ein Bild von Wondrak aufzuhängen und zu sagen: Das ist Wondrak, wie der sollst du werden.«

Herr Janosch,
wie gewinnt man Freunde?

»Man sagt einfach immer wieder: Mein Auto gehört jetzt auch dir, denn du bist ja mein Freund.«

Herr Janosch,
was ist gute Streitkultur?

»Ein guter Streit ist, wenn jeder dabei in die Ferne schaut. Jeder redet über das, was er immer schon sagen wollte. In beliebiger Lautstärke. Danach ist alles geklärt.«

Herr Janosch,
was macht man, wenn einem die Decke auf den Kopf fällt?

»Wondrak lehnt sich gegen eine Laterne und pfeift frohsinnig. Irgendwann kommen Leute und lauschen. Dann fragt er, ob sie mit nach Hause kommen, um seine Decke zu erneuern.«

Herr Janosch,
was kann man machen, damit man
wieder Zeit für Leute hat?

»Wondrak macht das so, dass er zu den Leuten hingeht und sagt: Guten Tag, ich habe jetzt jede Menge Zeit für Sie! Am besten, man nimmt einen Stuhl mit.«

Herr Janosch, gibt es Ihrer Erfahrung nach noch Hoffnung?

»Sehen Sie sich doch Wondrak an. Seit Jahren wünscht er sich vergebens, Adriane Winterberg würde ihn ein kleines bisschen beachten – nein, keine Hoffnung.«

Herr Janosch,
wie lernt man das Alleinsein?

»Man macht es wie Wondrak, der sich so lange in den Park setzt, bis alle anderen weg sind. Dann lernt er das Alleinsein. Jedenfalls bis Luise kommt und ihn holt.«

Von den kleinen Sorgen des Alltags

Herr Janosch, was macht man bei Überforderung am Arbeitsplatz?

»Man verlässt sofort den Raum und kommt erst zurück, wenn der Arbeitsplatz nicht mehr von einem überfordert ist.«

Herr Janosch,
was kann man für den
Klimaschutz tun?

»Wondrak fliegt diesmal nicht nach Amerika, sondern nimmt das Ruderboot. Paddeln geht schließlich auch, und man hat mehr Ellenbogenfreiheit.«

Herr Janosch,
wie wird man schnell gesund?

»Wondrak kennt das Rezept seines Großvaters:
Jeden Tag zwei gesunde Gläschen von dem Schnaps
in der Flasche pur! Und zack – immer gleich gesund!
Er war dann jeden Tag gesund.«

Herr Janosch, kann man zu viel üben?

»Man kann überhaupt nicht zu viel üben. Wondrak zum Beispiel übt Cello. Er hat es stets dabei, eine Gelegenheit zum Üben findet sich immer.«

Herr Janosch,
soll man zu Halloween den Kürbis
essen oder aushöhlen?

»Lydia höhlt ihn erst aus und isst dann das Kompott. Den hohlen Kürbis stülpt sie Wondrak über den Kopf und stellt ihn vor die Tür.«

Herr Janosch,
wir alle werden wohl abgehört!
Was tun?

»Wondrak jedenfalls hat seine Telefonleitung gekappt, da kann niemand lauschen. Obendrein redet er Esperanto. Das versteht sowieso keine Sau.«

Herr Janosch,
wie redet man mit Pflanzen?

»Wichtig ist, dass man nicht nur redet, sondern auch zuhört. Und auf die Pflanzen eingeht. Wondrak redet Latein mit ihnen. Schließlich haben sie alle lateinische Namen.«

Herr Janosch, wann sollte man mit dem Rauchen aufhören?

»So früh wie möglich und spätestens, wenn sich die Partnerin beschwert, dass nicht nur die Hose gelb ist, sondern alles andere auch. Das will man ja nicht.«

Herr Janosch, was macht man gegen Müdigkeit am Morgen?

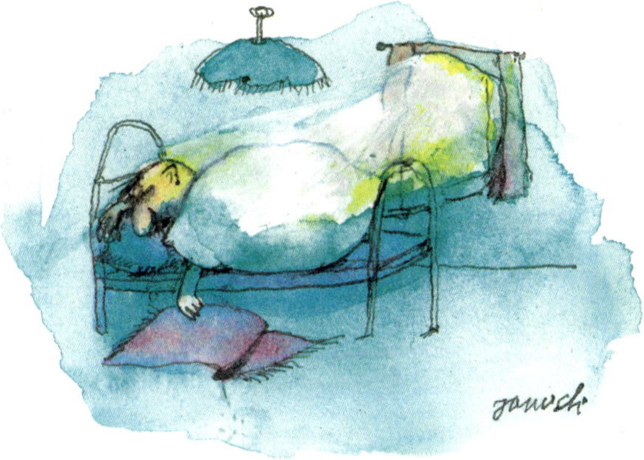

»Die Müdigkeit ist eine gute Gabe des Himmels, also keine Plage. Wenn die Müdigkeit kommt und bleibt, dann schlafen wir, egal wann.«

Herr Janosch,
soll ein Mann kurze Hosen tragen?

»Ja, bei Sonne. Und bei Regen, denn dann kann es zu Hochwasserlagen kommen.«

Herr Janosch, was macht man auf einer Kreuzfahrt?

»Man hofft auf Seenot, damit man sich als der große Retter aufspielen kann. Wenn nix passiert, ruft man laut ›Heho, das Schiff sinkt!‹ und spielt sich halt dann als Retter auf.«

Herr Janosch,
soll man verreisen, und wenn ja, wohin?

»Man muss überhaupt nicht verreisen. Wondrak fliegt dennoch manchmal günstig nach Mexiko. Für 349 Euro, mit Verpflegung an Bord. Kleines Gepäck möglich.«

Herr Janosch, das Gemüse wird immer teurer – was nun?

»Als Wondrak in der Zeitung las, dass die deutsche Kartoffel im Kaufpreis gefährdet sei, kaufte er 24 Säcke. Jeweils von einem Zentner (ungefähr) an Gewicht. Essen tat er ohnehin nichts anderes. Sein Leben lang.«

Herr Janosch,
was macht man bei ungebetenem Besuch?

»Sobald der Besuch an der Tür klingelt, reist Wondrak ab und ruft noch schnell, dass er in spätestens einer Woche zurückkomme. Bleibt aber lieber zwei Wochen weg.«

Herr Janosch, wie viel Schlaf ist eigentlich gesund?

»Wondrak sagt: Das ist sehr individuell.
Wichtig ist aber, dass die Schlafenszeit die Arbeitszeit
nicht überschreitet.«

Herr Janosch, wie erweitert man seinen Horizont?

»Wondrak löst dies durch regelmäßiges Zeitunglesen. Aber einmal die Woche ist dafür völlig ausreichend. Sonst verliert man bis zum breiten Horizont den Überblick.«

Herr Janosch,
Tipps fürs Lottospielen?

»Augen zu, Decke über den Kopf und bei absoluter Dunkelheit auf dem Zettel herumkritzeln. Wenn es schiefgeht, kann man behaupten, von nichts gewusst zu haben.«

Herr Janosch, wie kann man sich besser an Träume erinnern?

»Wondrak träumt einfach davon, dass er
den Traum im Traum mitschreibt. Also somnambul,
schlafwandlerisch gewissermaßen.«

Herr Janosch,
was soll man machen, wenn man einem Gruselclown begegnet?

»Wondrak bleibt bei so einer Attacke erst mal siegessicher stehen wie ein General in der Schlacht. Und dann beobachtet er genau, ob es bei der Nummer nicht doch etwas zu lachen gibt.«

Herr Janosch,
wie kann man gesundheitsbewusst in der Sonne baden?

»Es reicht, wenn ein paar Sonnenstrahlen durch den Türspalt auf die Beine scheinen. Der Rest bleibt bekleidet. Sieht meist auch besser aus.«

Herr Janosch, wie kommt man eigentlich nach Panama?

»Wondrak macht den Computer an und tippt
›panamareisengünstig‹ ein.
Und klick – das war ja einfacher als gedacht ...«

Herr Janosch, wie sagt man TSCHÜSS?

»Man dreht sich um mit einer Träne im Auge und sagt: Ich geh dann mal.«

Zu dieser Ausgabe

Der Erstdruck der Texte im *ZEITmagazin* geschah in nachstehender Reihenfolge:

56 Herr Janosch, was macht man an einem Bundesliga-Spieltag? Ausg. 34/2013.

36 Herr Janosch, sollten die Deutschen Vegetarier werden? Ausg. 36/2013.

41 Herr Janosch, was, wenn der Wolf zurückkommt nach Deutschland? Ausg. 37/2013.

32 Herr Janosch, wie steht der Deutsche zu seinem Hund? Ausg. 41/2013.

97 Herr Janosch, das Gemüse wird immer teurer – was nun? Ausg. 45/2013.

24 Herr Janosch, lebt Gott wirklich in Frankreich? Ausg. 47/2013.

90 Herr Janosch, wir alle werden wohl abgehört! Was tun? Ausg. 48/2013.

58 Herr Janosch, alle Spieler verletzt – wie die WM gewinnen? Ausg. 24/2014.

60 Herr Janosch, welchen Sport treibt man im Alter? Ausg. 29/2014.

44 Herr Janosch, hat die Tigerente Freunde? Ausg. 38/2014.

64 Herr Janosch, welchen Wintersport macht man in den Bergen? Ausg. 4/2015.

42 Herr Janosch, wenn der Frühling kommt, was macht man dann als Erstes? Ausg. 10/2015.

34 Herr Janosch, was ist eigentlich ein gesunder Sonnenschutz? Ausg. 21/2015.

45 Herr Janosch, was soll man eigentlich einem Hund beibringen? Ausg. 23/2015.

62 Herr Janosch, welche ist die richtige Haltung beim Radfahren? Ausg. 24/2015.

95 Herr Janosch, was macht man auf einer Kreuzfahrt? Ausg. 29/2015.

101 Herr Janosch, Tipps fürs Lottospielen? Ausg. 32/2015.
40 Herr Janosch, wovor muss man noch Angst haben? Ausg. 43/2015.
89 Herr Janosch, soll man zu Halloween den Kürbis essen oder aushöhlen? Ausg. 45/2014.
92 Herr Janosch, wann sollte man mit dem Rauchen aufhören? Ausg. 2/2016.
105 Herr Janosch, wie kommt man eigentlich nach Panama? Ausg. 7/2016.
38 Herr Janosch, was tun, wenn wilde Tiere ins Haus eindringen? Ausg. 16/2016.
61 Herr Janosch, gibt es eine sichere Methode, Fußballergebnisse zu tippen? Ausg. 27/2016.
63 Herr Janosch, ist Angeln eigentlich noch zeitgemäß? Ausg. 33/2016.
17 Herr Janosch, ist es denn gesund, überhaupt nichts zu tun? Ausg. 35/2016.
59 Herr Janosch, welchen Wassersport empfehlen Sie? Ausg. 36/2016.
47 Herr Janosch, im Sommer kommen die Wespen – was tun? Ausg. 37/2016.
103 Herr Janosch, was soll man machen, wenn man einem Gruselclown begegnet? Ausg. 47/2016.
50 Herr Janosch, wie kommen die Tiere auf den Straßen mit der Winterkälte zurecht? Ausg. 4/2017.
57 Herr Janosch, wozu brauchen wir Yoga? Ausg. 7/2017.
43 Herr Janosch, wer ist intelligenter – Hund oder Katze? Ausg. 11/2017.
31 Herr Janosch, was ist denn das beste Haustier? Ausg. 16/2017.
94 Herr Janosch, soll ein Mann kurze Hosen tragen? Ausg. 20/2017.
104 Herr Janosch, wie kann man gesundheitsbewusst in der Sonne baden? Ausg. 25/2017.
48 Herr Janosch, welchen Fisch darf man noch essen? Ausg. 26/2017.

10 Herr Janosch, wie stellt man sich großen Problemen? Ausg. 32/2017.

35 Herr Janosch, wie soll man mit den Mücken kämpfen? Ausg. 33/2017.

102 Herr Janosch, wie kann man sich besser an Träume erinnern? Ausg. 36/2017.

69 Herr Janosch, wie wird man glücklich? Ausg. 37/2017.

93 Herr Janosch, was macht man gegen Müdigkeit am Morgen? Ausg. 47/2017.

78 Herr Janosch, was macht man, wenn einem die Decke auf den Kopf fällt? Ausg. 48/2017.

85 Herr Janosch, was macht man bei Überforderung am Arbeitsplatz? Ausg. 51/2017.

12 Herr Janosch, wie wichtig ist es, dass man im Leben ankommt? Ausg. 6/2018.

9 Herr Janosch, worauf kann man sich freuen? Ausg. 7/2018.

39 Herr Janosch, was ist eine Eselei? Ausg. 9/2018.

100 Herr Janosch, wie erweitert man seinen Horizont? Ausg. 12/2018.

96 Herr Janosch, soll man verreisen, und wenn ja, wohin? Ausg. 13/2018.

13 Herr Janosch, was macht man, wenn man total genervt ist? Ausg. 16/2018.

88 Herr Janosch, kann man zu viel üben? Ausg. 17/2018.

21 Herr Janosch, was macht man, wenn man nicht einschlafen kann? Ausg. 21/2018.

20 Herr Janosch, wie kann man verlorene Zeit zurückgewinnen? Ausg. 23/2018.

80 Herr Janosch, gibt es Ihrer Erfahrung nach noch Hoffnung? Ausg. 24/2018.

70 Herr Janosch, wie lernt man eine Fremdsprache, etwa Polnisch? Ausg. 25/2018.

16 Herr Janosch, wie wird man bei der Arbeit glücklich? Ausg. 26/2018.

46 Herr Janosch, wie rettet man Leben? Ausg. 27/2018.

25 Herr Janosch, soll man sich einen Plan für die Zukunft machen? Ausg. 28/2018.

18 Herr Janosch, wo macht man Urlaub? Ausg. 32/2018.

72 Herr Janosch, wie ist man heutzutage höflich? Ausg. 33/2018.

55 Lieber Herr Janosch, soll man Sport treiben? Ausg. 35/2018.

77 Herr Janosch, was ist gute Streitkultur? Ausg. 37/2018.

11 Herr Janosch, was macht man gegen die Wut? Ausg. 41/2018.

19 Herr Janosch, wann ist genug wirklich genug? Ausg. 44/2018.

14 Herr Janosch, wie wird man kontemplativ? Ausg. 45/2018.

98 Herr Janosch, was macht man bei ungebetenem Besuch? Ausg. 49/2018.

91 Herr Janosch, wie redet man mit Pflanzen? Ausg. 51/2018.

73 Herr Janosch, woran erkennt man einen Lügner? Ausg. 52/2018.

26 Herr Janosch, wie tritt man eine Reise in das Innere an? Ausg. 2/2019.

37 Herr Janosch, wie macht man seinem Hund eine Freude? Ausg. 3/2019.

22 Herr Janosch, wie kann man aufhören, sich selbst zu kritisieren? Ausg. 8/2019.

51 Herr Janosch, was können wir von den Dinosauriern lernen? Ausg. 12/2019.

87 Herr Janosch, wie wird man schnell gesund? Ausg. 17/2019.

74 Herr Janosch, wie erkennt man, ob es jemand ernst meint? Ausg. 18/2019.

65 Herr Janosch, wo muss man im Leben unbedingt einmal gewesen sein? Ausg. 20/2019.

75 Herr Janosch, wie erzieht man ein Kind richtig? Ausg. 22/2018.

71 Herr Janosch, wie geht eine gute Ehe? Ausg. 24/2019.

86 Herr Janosch, was kann man für den Klimaschutz tun? Ausg. 25/2019.

27 Herr Janosch, was macht man, wenn eine große Angst kommt? Ausg. 29/2019.

76 Herr Janosch, wie gewinnt man Freunde? Ausg. 31/2019.

Nachwort

Ich habe Janosch einmal gefragt, was die schönste Geschichte gewesen sei, die er in seinem Leben geschrieben habe. Er sagte, es sei *Die Fiedelgrille und der Maulwurf.* Die Geschichte aus dem Jahr 1985 geht in etwa so: Eine Grille fiedelt den ganzen Sommer lang und kümmert sich nicht um die Vorsorge für den Winter. Als er dann kommt, der Winter, ist ihr bitterkalt. Sie fragt beim Hirschkäfer nach Unterschlupf und auch bei der Maus. Aber beide weisen sie ab, denn sie finden den Lebensstil der Grille ziemlich unangemessen. Und warum sollten sie jemanden durchfüttern, der es offenbar nicht verdient? Schließlich klopft die Grille beim Maulwurf an. Der Maulwurf lässt sie herein, denn er mag Violinen-Musik sehr gerne. Also fiedelt die Grille für ihn, und sie haben beide eine schöne Zeit. Sie landen sogar gemeinsam im Bett. Und vergnügen sich hemmungslos miteinander.

Was ist das nur für eine Geschichte? Sie hat keine Moral. Die Grille lernt dabei rein gar nichts. Und es wird auch niemand bestraft. Die Grille nicht, die sich weiterhin nicht um ihre Vorräte kümmern wird. Aber auch der Hirschkäfer und die Maus werden nicht für ihre Hartherzigkeit zur Rechenschaft gezogen. Vielleicht sind sie durch ihr Spießertum schon genug gestraft. Am Ende sind eigentlich alle weiter zufrieden mit ihrem Leben, und vielleicht sind die Grille und der Maulwurf besonders zufrieden. Sie sind dabei nicht zu Reichtum gekommen, sie wurden nicht zu Königen gekrönt – sie haben einander. Und das Einander-Haben, das gemeinsame Zufrieden-in-den-Kissen-Liegen, das ist das höchste Glück, das in Janoschs Geschichten vorkommt. Mehr gibt es nicht, aber mehr braucht es auch nicht.

Um dieses einfachste und gleichzeitig höchste Glück im Leben zu finden, muss man nur mit jemand anderem unter eine Decke kriechen. Aber wie kommt man unter die richtige Decke? Da beginnen die Schwierigkeiten. Es ist nämlich doch gar nicht so einfach, das ganz normale Glück zu finden. »Ich bin die Grille in der Geschichte«, hatte mir Janosch damals gesagt.

Die Grille Janosch musste lange fiedeln, bis es warm um sie herum wurde. Die Kindheit von Horst Eckert (so Janoschs bürgerlicher Name) in Hindenburg war geprägt von Katholizismus, Suff und Gewalt. Und diese Erfahrungen sollten ihn nicht mehr verlassen. »Die ersten Jahre meines Lebens waren die totale Zerstörung meiner Person«, sagte er einmal der *Süddeutschen Zeitung*. Schon während seiner Lehrzeit als Schlosser lernte er den Schnaps kennen. Der Alkohol und das ganze Unglück, das man in ihm zu ertränken versucht, begleitete weite Strecken seines Lebens. Der Alkohol war dabei, als er als junger Mann als Nachtwächter und in einer Baumwollspinnerei arbeitete, als er eine Textilfachschule besuchte und ihm die ersten künstlerischen Ideen kamen, als er seine ersten Versuche als Schriftsteller machte, als er von der Akademie der Bildenden Künste München wegen mangelnder Begabung flog, und als er schließlich seine ersten Kinderbücher schrieb. Er sagte einmal, jedes einzelne seiner Kinderbücher habe er im Suff geschrieben. Denn der alkoholisierte Zustand war der einzige, in dem er sich wirklich stark fühlte. Der Schnaps war eine Art Zaubertrank für ihn, ein Wunderelixier, das ihn unverwundbar machte, den Schmerz stillte und die Angst nahm. Auch seine Popularität half ihm dabei nicht weiter, sie machte seinen Zustand vielleicht nur schlimmer. Er sei kaputt gewesen, als er 1980 nach Teneriffa zog, so Janosch. Kaputt und bereit zu sterben.

Zum Glück kam es anders, aber man sieht: Es kann ein halbes Leben dauern, bis man das einfache Glück erlebt, keine Angst mehr haben muss und auch kein Wunderwasser mehr braucht. Bis man nicht mehr Angst vor Gottes Strafe hat. Deswegen gehen Janoschs Geschichten jungen und alten Menschen so nahe. Sie sagen nicht, wie man sein sollte. Sie wissen auch nichts besser. Und sie machen die Dinge nicht schlimmer, als sie sind. In Janoschs Geschichten wird selten jemand mit dem Tode bedroht. Es wird zwar gestorben, das schon. Der Fuchs frisst die Gans, der große Vogel frisst den kleinen Vogel. Aber das sind Selbstverständlichkeiten, das ist der Lauf der Dinge. Doch niemand muss ein Abenteuer bestehen, das anstrengender ist, als ein paar Tage im Kreis herumzulaufen, wie es der Tiger und der Bär in *Oh, wie schön ist Panama* tun. Es gibt keine allzu bedrohlichen Gefahren. Der Tiger wird krank, er wird aber auch wieder gesund. Der Tiger langweilt sich, er wird aber auch wieder lustig. Genauso wenig gibt es allerdings große Chancen. Wenn in Janoschs Geschichten eine Flaschenpost angeschwommen kommt, dann übersieht sie der Bär, und sie dümpelt weiter – mit all den Schatzkarten, die sie enthalten könnte. Als der Tiger und der Bär in *Komm, wir finden einen Schatz!* tatsächlich auf einen Baum mit goldenen Äpfeln stoßen, kommt schnell der Beamte des Königs und nimmt ihnen ihren Fund wieder weg. Bei Janosch macht also niemand große Sprünge – aber es geschieht auch nichts wesentlich Schrecklicheres, als wir selbst im eigenen Leben durchmachen, wenn mal wieder eine Steuerforderung ins Haus flattert.

Das Spektakuläre in Janoschs Geschichten sind nicht die Handlungen, es ist die menschliche Nähe. Uns wird immer wieder gezeigt, dass Menschen gut zueinander sein können, und das auf eine sehr unprätentiöse und einfache Art. Tiger und Bär sorgen für einander: Der eine braucht einen Brief? Der andere schreibt ihm einen. Der eine hat Hunger? Der andere kocht ihm eine Suppe. Dem einen ist kalt? Der andere sagt: »Komm wir kuscheln uns ins Bett!« Was sind goldene Äpfel dagegen?

Auf die Art und Weise, wie Janosch das scheinbar einfache Glück in seinen Geschichten zelebriert, kommt es keineswegs banal daher. Man muss jeden Tag darum ringen. Man muss die eigenen Dämonen bekämpfen, um dem Glück näher zu kommen. Janosch hat sich nie Illusionen darüber gemacht, wie grausam und böse Menschen sein können und was für ein langer Weg es sein kann, bis man dort ankommt, wo man sich wohl und sicher fühlt, wo man bleiben kann. Janosch will sagen: Wenn wir so etwas gefunden haben, dann sollten wir uns bewusst machen, dass es besser nicht kommen wird. Nirgends kann ein Mensch glücklicher sein als an so einem Ort. Halten wir das Glück fest, so lange wir können, den schlechter wird das Leben wieder von allein. Menschen werden einsam, Menschen sterben. Die Welt ist kein Ort für große Hoffnungen.

Aber ein Ort für großes Glück, wenn man bereit ist, es zu fühlen, wenn es da ist.

Für Janosch gibt es nicht das große, erlösende Glück, in dem alles einen Sinn ergibt, sondern nur das Glück, das man mit anderen teilen kann. Vielleicht wird diese Tatsache nirgends so deutlich wie in seinem Spätwerk, das von der Heldenfigur Wondrak, erfunden für das *ZEITmagazin*, beherrscht wird. Wondrak macht nichts, er kann nichts, er will auch nichts, aber deswegen gelingt ihm alles. Wondrak ist ein Stoiker im besten Sinne, denn er strebt nach überhaupt nichts. Er will nichts haben, deswegen muss er niemandem etwas wegnehmen. Er hat nichts, deswegen muss er nichts gegen irgendwen verteidigen. Wondrak besitzt eigentlich nur das eigene Leben – und auch das muss man ja irgendwann mal abgeben. Wenn man also nichts besitzt, was muss man fürchten? Nichts. Mit nichts kommen wir auf die Welt, mit nichts verlassen wir die Welt – um was sollen wir uns also sorgen? Um nichts.

Einmal hat Janosch für das *ZEITmagazin* Wondraks Reise nach Panama gezeichnet, dem Land, das Tiger und Bär suchen, aber nie finden. Dort ist Wondrak beim Präsidenten zu Gast, dem er ein Geschenk mitgebracht hat: Eine Kiste mit nichts darin. Der Präsident von Panama, dem Land aller Träume, freut sich: »Gerade heute Morgen habe ich mir gedacht, dass ich nichts brauche!«

Aber hat Wondrak wirklich nichts? So ganz stimmt das nicht. Er hat eine Menge: seine Weisheit, seine Freundlichkeit, seine Lust, seine Gelassenheit. Und vor allem hat er

Luise, seine ewige Gefährtin. Hätte er Luise nicht, wozu das Ganze? Janosch, der sich in Interviews gerne mal als Zyniker ausgegeben hat, war während seiner gesamten aktiven Zeit als schaffender Künstler beseelt vom Glauben an die Liebe. Während ihm Gott stets als ein drohender Strafrichter vorgekommen ist, ist die Liebe in seinen Geschichten stets die Lösung für alles. Janosch selbst hat die Liebe in seiner langjährigen Partnerin und späteren Frau Ines gefunden, die er auf Teneriffa kennengelernt hat. Die seine Seele geheilt und mit ihm eine Finka auf Teneriffa bezogen hat. Wer traut sich das heute noch zu, mit jemanden auf eine Insel zu ziehen und dort zusammen alt zu werden?

Es ist dieser Lebensmut, dem man bei Janosch wie bei seinem Alter Ego Wondrak bewundern kann. Denn Wondrak hat eben auch keine Angst. Keine Angst vor der Nähe, keine Angst vor der Liebe, keine Angst vor dem Nichts. Den meisten von uns geht es anders. Unsere Angst vor dem Nichts ist so groß, dass wir uns stets darum bemühen, die Zeit mit etwas zu füllen. Ständig müssen wir etwas erleben, erleben, erleben – reisen, uns bilden, feiern, das Leben genießen. Die sozialen Medien sind voll von Erlebtem. Sie sind eigentlich nur dazu da, damit wir sie mit frisch Erlebtem füllen können. Ständig teilen wir anderen mit, dass wir uns gerade nicht langweilen, aus Angst, in der Gunst der anderen zu sinken, wenn unser Leben unspektakulär ist. Dabei ähneln doch all die geposteten Sonnenuntergänge, Kinderbilder und weiten Landschaften einander sehr. All das anstrengende Geklingel und Gebimmel bringt uns keinen Schritt weiter.

Dabei wünschen wir uns vor allem eins: nichts. Wie gerne wäre man einen Tag wie Wondrak, der im Schatten unter einem Baum liegt und den Wolken dabei zusieht, wie sie vorbeiziehen. Für den es etwas Bedeutendes sein kann, im Frühjahr die aus Afrika heimkehrenden Vögel zu begrüßen. Der sich über die Sonne freut, die durch die Gardinen lugt. Der weiß, wie wichtig es ist, sich anständig treiben zu lassen. Der irgendwann beschließt, aus der Hängematte zu steigen, oder auch nicht.

Das Paradoxe daran ist, dass wir all das ja jederzeit machen könnten. Jederzeit könnten wir alles stehen und liegen lassen, die Schuhe ausziehen und in den nächsten Wald spazieren, um den Pilzen beim Wachsen zuzugucken. Doch gleichzeitig scheint es uns völlig unmöglich, scheint der Traum, den uns Wondrak vorlebt, kaum erreichbar. Offenbar dauert es ein halbes Leben, ehe man weise genug ist, um so etwas tun zu können. Um alles loslassen zu können. »Nichtwissen ist schwerer zu erarbeiten als Wissen«, hat Janosch einmal gesagt.

Vielleicht musste auch Janosch erst das neunte Lebensjahrzent erreichen, um gelassen genug zu sein, die Geschichten von Wondrak zeichnen zu können. Wenn man im hohen Alter noch so etwas erreichen kann wie Janosch, ist das ein sehr guter Grund, sehr alt zu werden.

Tillmann Prüfer

Über Janosch

Als Horst Eckert 1931 in Zabrze (Polen) geboren, zog es Janosch zunächst nach Paris und München, ehe es ihn in den 1980ern nach Spanien verschlug, um dort in der Hängematte liegend die Sonne zu genießen. Als einer der erfolgreichsten und bekanntesten deutschen Kinderbuchautoren wurde er mehrfach ausgezeichnet, u. a. mit dem französischen und dem deutschen Kinder- und Jugendbuchpreis. Viele seiner Bücher erschienen in mehreren Sprachen und wurden millionenfach verkauft. Seit 2021 mischt sich Janosch mit *Wondrak für alle Lebenslagen* und vielen weiteren Titeln unter die Klassiker von Reclams Universal-Bibliothek.

Weitere Janosch-Titel im Reclam Verlag

Wondraks Notizbuch
ISBN 978-3-15-095002-9

Reclam

Wörterbuch der Lebenskunst
ISBN 978-3-15-014321-6

Reclam

Wondrak für alle Lebenslagen
52 Karten mit Antworten auf die großen und kleinen Fragen des Alltags
ISBN 978-3-15-095015-9